eビ
新書
No.
経済

コロナ倒産危機

週刊東洋経済 eビジネス新書　No.378

コロナ倒産危機

本書は、東洋経済新報社刊『週刊東洋経済』２０２１年３月１３日号より抜粋、加筆修正のうえ制作しています。情報は底本編集当時のものです。このため、新型コロナウイルス感染症等による、その後の経済や社会への影響は反映されていません。（標準読了時間　９０分）

コロナ倒産危機　目次

資本不足企業が続出！

急増必至のコロナ倒産

「当社の存亡に与えるリスクを勘案したとき、何らかのアライアンスが必要であると9月ごろから感じていた」

2021年2月15日、ロイヤルホールディングス（HD）の菊地唯夫会長は、総合商社である双日との資本業務提携締結に関する記者会見でこう述べた。

ロイヤルHDは、「ロイヤルホスト」「てんや」といった外食店のほか、ホテルや機内食も展開しているが、いずれも新型コロナウイルスの感染拡大が直撃。2020年12月期は275億円の最終赤字に転落、自己資本比率も1年で30ポイント下がり19・7％まで低下していた。このため双日と資本業務提携を結び、第三者割当増資や新株予約権の発行で約178億円を調達することにしたのだ。

会見では、20年9月ごろから証券会社などを通じて相手を探していたとした菊地会長。しかし事情に詳しい関係者によれば、同年4月ごろからさまざまな再建策を模索、出資してくれそうな先への接触も図っていたという。

というのも菊地会長は、日本債券信用銀行が1998年に経営破綻した際、頭取秘書を務めており、経営破綻を肌で知っている。そのため運転資金や自己資本がいつまでもつのか、ロイヤルHDに残された時間を把握していたのだ。

そこで、不採算店の閉鎖や希望退職の募集といったリストラを進める一方で、自力再建するのか、それとも他社と提携して資本増強を図るのか、2つの選択肢を同時に模索していたわけだ。

だが、新型コロナ感染拡大のスピードとその衝撃は想定以上だった。自力再建は無理だ――。そう感じた菊地会長は、9月から提携先探しに舵を切る。

鉄道会社や国内のファンドなど、複数の相手と繰り返し協議を持ち、最後に選んだのは双日だった。出資金額やシナジーはもちろんだが、大きかったのは意思決定の速さだった。菊地会長がコロナ禍での変化の速さを痛感していたからだ。

双日との提携によってロイヤルＨＤの自己資本比率は５０％近くまで回復する見込み。ギリギリのところで生き残りへの土台を固めることができた形だ。

「塚田農場」も増資に走る

新型コロナによって資本不足が危険水域に達し、資本増強を急ぐ外食企業は少なくない。

「塚田農場」を運営するエー・ピーホールディングスもその１つ。２１年２月、生鮮食品オイシックス・ラ・大地やファンドを引受先とする第三者割当増資で約２５億円を調達した。

コロナ前から店舗閉鎖はもちろん、従業員を他社に出向させたり、本社を移転したりして固定費圧縮に努めていたが、２０年９月末に９億円の債務超過に転落してしまう。

経営陣は、資本増強策の検討を急いだ。米山久社長が個人で１０億円を出資することは決めていたが、外部の出資者探しにも奔走した。
「公募増資も検討したが、どれだけ集まるかが読めなかった。そのためスピード感があり額も読みやすい第三者割当増資に踏み切った」とエー・ピーHD幹部は明かす。

両社は資本増強によって生き残ることができたが、長引くコロナ禍で、命尽きる企業は増加している。東京商工リサーチによるとコロナ関連倒産は2月26日時点で累計1108件。21年2月は122件と月間の最多記録を更新した。

ただ、企業倒産件数全体は意外に増えていない。20年の倒産件数は19年比7%減の7773件で、1990年以来の少なさだ。

低水準にとどまっているのは、政府が持続化給付金をはじめとする支援策を打ち出しているからだ。そして、無利子・無担保融資も大きい。全国信用保証協会連合会によると、20年12月末時点で累計184万件、32兆4564億円にも及んでいる。こうした支援策により、企業が延命しているのだ。

だが、支援策がいつまでも続くわけではなく、追加で借りることができない企業も増えている。帝国データバンクの赤間裕弥情報部長は「コロナ融資はおよそ半年分の運転資金として執行されているため、多くの企業は12月末で一巡している。経済が回復しなければ債務超過に陥る企業が続出する」と分析する。

不良債権ファンドも台頭

倒産が急増し、不良債権が増加する――。そうした事態を想定し、動き始めたプレーヤーたちも増えている。米投資ファンド、コールバーグ・クラビス・ロバーツ（KKR）傘下の豪ペッパー・グループは債権回収会社を買収、1月から日本における不良債権ビジネスに参入した。

狙っているのは、地方銀行が抱える案件。地方には、事業としては有望なものの過剰債務で苦境に陥っている企業が少なくない。しかし、地銀には企業再生のノウハウがない。そこで債権者からディスカウントして債権を買い取り、非中核事業を売却させるなどしてバリューアップを図る算段だ。

国内資本のニューホライズン キャピタルも、地銀や信用金庫を中心とした金融機関から不良債権を買い取るファンドを立ち上げる。地銀を中心に200億〜300億円の出資を募って設立、1000億円規模の不振企業向け債権を買い取る構えだ。

このように、多くのプレーヤーが今後、不良債権や倒産が増加すると見ていることは間違いない。本誌では、苦境にあえぐ業界をリポートしていくとともに、危ない企業を見破るノウハウも伝授する。これからが倒産危機の本番といえる。

（野中大樹、中尾謙介）

負債額最大のコロナ破綻

負債総額でレナウンを超えたコロナ最大の倒産劇が大阪で起きた。

2020年の緊急事態宣言発出から1カ月も経たぬ2020年4月27日の朝、大阪に本社を構え格安のホテルや旅行を展開するWBFホールディングス（HD）をめぐる情報が、大阪の金融関係者たちの間を駆け巡った。

「今朝、経営陣が従業員に招集をかけたようだ。何かを説明するらしい」

WBFHDは、コロナ禍で業績が急速に悪化しており、金融関係者たちが警戒感を強めていたさなかの出来事だった。

慌てた金融関係者の一人は、グループの中核企業で格安ホテルを展開するWBFホテル&リゾーツ（以下、ホテル&リゾーツ）のホテルに駆けつけた。そこで目にしたのは「営業停止」を告げる貼り紙。この関係者は、しばらくの間、呆然と立ち尽くしたという。

程なく、ホテル&リゾーツが民事再生法の適用を申請。2カ月後には、兄弟会社で旅行事業を展開するホワイト・ベアーファミリー、そしてWBFHD自身も民事再生法の適用を申請した。

結果、グループ3社の負債総額は500億円を超え、最大の「コロナ倒産」となった。

WBFHDの創業は1977年。当時大学生だった創業者が、格安でスキー旅行に行くため友人たちに募集をかけて回ったのが始まりだ。81年に会社を設立、インターネットが普及し始めた90年代以降は団体旅行から個人旅行へとターゲットを移し、格安パックツアーをネットで販売するオンライン旅行の草分けとなる。

そのビジネスモデルは至ってシンプル。LCC（格安航空）のチケットと格安ホテルの部屋を大量に安く仕入れ、パックにして売りさばくのだ。個別に航空チケットとホテルを予約するより断然安く、アジア圏の格安旅行ランキングではつねに上位に入った。売り上げも順調に伸び、２００９年9月期には年間売上高が１００億円を突破した。

開発資金は借入金に依存

勢いに乗って次に進出したのがホテル開発だった。インバウンド需要の急拡大や東京五輪開催決定を追い風に、２０１８年初頭から２０年2月までの約2年間に、実に２０ものホテルを新規オープンさせた。

２０年4月に株式上場を果たしたい――。積極策の裏には、そんな野望もあった。だが、この前のめりのホテル開発が、コロナ禍で裏目に出る。

現預金が月商を下回る程度だったこともあって、開発資金は信用金庫・信用組合9行、地方銀行6行、メガバンク1行からの借り入れに依存。長短合わせた借入金は、１７年の約１６億円から１９年には約３２億円と、わずか2年で倍増した。

「リスクヘッジされていないため、何か発生したら一発で資金ショートが起きる」といった懸念から融資を断った銀行もあるにはあった。だが、政府の後押しを受けたインバウンド需要の拡大で、金融機関も貸し出し競争に突き進み、結果的にＷＢＦＨＤから言われるがままに貸し込んでいった。

ところが、中国・武漢で新型コロナの流行が確認され世界をざわつかせていた１９年の暮れごろから、歯車が狂い始める。運営するホテルの賃料負担が想定以上に重くなり、一部の不動産オーナーに賃料の減額を求め始めたのだ。急激な開発の無理がたたった格好だ。

そこへ新型コロナの爆発的な感染拡大が襲いかかる。最大の需要を当て込んでいた中国人観光客がぱったり途絶え、宿泊予約キャンセルが相次いだ。

一方でホテル＆リゾーツの固定費は、人件費や賃料だけで毎月1億７０００万円超。利益はおろか売り上げすら立たぬ中、キャッシュアウトだけが続き、あっという間に資金繰りが悪化。ＷＢＦＨＤは２０年3月、金融機関に対して返済計画の見直しを要請する。

もちろん、ＷＢＦＨＤも手をこまねいていたわけではない。１９年末には所有物件の一部を売却し、手元資金の確保に努めた。しかし、それでもコロナ禍を生き抜くほどのキャッシュにはならなかった。

宣言延長で目算狂う

致命的だったのは、2020年4月7日に発出された緊急事態宣言だった。国内外ともに宿泊予約が完全に蒸発してしまったからだ。これをきっかけに息の根を止められ、ホテル&リゾーツは民事再生法の適用申請に追い込まれる。

しかしこの時点ではまだ、足を引っ張っていたホテル&リゾーツさえ処理してしまえば乗り切れるのではないか、という甘い考えがあった。同社を処理することによって止血し、金融機関に返済も待ってもらっている間に、需要が回復する……。そんな目算があった。

だが、それも大きく狂ってしまう。5月6日を期限としていた緊急事態宣言が約3週間延長されてしまったからだ。

ＷＢＦＨＤは、ついに「高速バスドットコム」などのウェブ予約システムまで売却せざるをえなくなる。看板であるオンライン旅行の中核事業の1つだったが、背に腹は代えられなかった。

追い打ちをかけたのが、再生手続きに入っていたホテル＆リゾーツの債務約34億円を連帯保証人として履行せよという金融機関からの勧告だった。自身も債務超過に陥る中では到底無理な話。ＷＢＦＨＤは、当事者能力を完全に失っていった。

実はその頃、金融機関の間ではＷＢＦＨＤの倒産を見越したスポンサー探しが始まっていた。大阪の鉄道会社など複数の企業名が取り沙汰されたが、火中の栗を拾うような企業は現れなかった。

6月に入って、ようやく星野リゾートが再生請負人として名乗りを上げスポンサーが決定。ＷＢＦＨＤ、ホワイト・ベアーファミリーともに民事再生法の適用を申請するに至った。

インバウンド需要を見込んだ先行投資があだに

—WBFグループの設立から倒産に至るまでの経緯—

1981年	創業
1998年	パックツアーのインターネット販売を開始。オンライン旅行の草分けに
2009年	2009年9月期の売上高が100億円を突破
2017年	インバウンド需要を当て込んだホテル投資を加速。投資資金は信用金庫・信用組合（9行）、地方銀行（6行）、メガバンク（1行）からの借り入れ
2019年	急激な先行投資でコロナ流行前に資金繰りが悪化。運営ホテル物件で賃料減額を要請
	所有物件の一部を売却、財務体質改善に努める
2020年初頭～2月以降	中国人観光客を筆頭に旅行・宿泊キャンセルが相次ぐ
3月	グループ全体で金融機関に返済リスケジュールを要請
4月	約35億円の未払い債務が発生
	ウェブ予約サービス事業を売却
4月27日	WBFホテル&リゾーツが民事再生法の適用を申請（負債額160億円）
6月30日	ホワイト・ベアーファミリーおよびWBFホールディングスが民事再生法の適用を申請（負債額計351億円）
	スポンサーに決まった星野リゾートと「スポンサー就任についての基本合意書」を締結

（出所）取材を基に東洋経済作成

こうして万策尽き、経営破綻したＷＢＦグループ。確かに、無謀ともいえる拡大路線に加え、開発費用の大半を銀行借り入れに頼るなど、経営戦略の失敗に対する経営陣の責任は重い。だが、これまでにないスピードと破壊力を持った新型コロナを前にしては、なすすべがなかったともいえるだろう。

今後、第2、第3のＷＢＦが出てきてもおかしくはない。

（野中大樹）

【ホテル・観光】ＧｏＴｏでも救えぬ惨状

名門が相次いで資産売却

「ギリギリまで売却は考えたくなかった。今日の決定を胸に刻み、一生忘れないでやっていく」。藤田観光の野崎浩之取締役は絞り出すようにそう語った。

２１年2月１２日、「ホテル椿山荘東京」などを運営する藤田観光は老舗宴会場「太閤園」（大阪市）を売却すると発表した。宴会の激減やホテルの大幅な稼働率低下が響き、２０２０年末の純資産は１３億円と債務超過寸前まで毀損していた。

太閤園は藤田財閥の創始者・藤田伝三郎氏の邸宅がルーツで、１００年以上の歴史を誇る。２０年の夏前から事業会社や取引先を含め資本増強策に奔走してきたが、当初、売却の予定はなかったという。

しかし、コロナ第3波は予想外だった。「必要と見込まれる額が第3波で増え、支援を表明していた会社も判断が難しくなってしまい、最終的に売却になってしまった」（野崎取締役）。

「京都ホテルオークラ」を運営する京都ホテルも業績悪化で債務超過寸前まで財務を傷め、高級料亭「粟田山荘」（京都市）の売却に踏み切っている。

これからが本番

名門企業ですら資産売却が相次ぐホテル業界。２００８年のリーマンショック、１１年の東日本大震災に匹敵する危機だ。宿泊業者の２０年の倒産件数は１２７件と、リーマンショックや東日本大震災に次ぐ高い水準だ。

■ **ホテルはリーマン、震災を超える危機の可能性も** ―宿泊業者の倒産件数の推移―

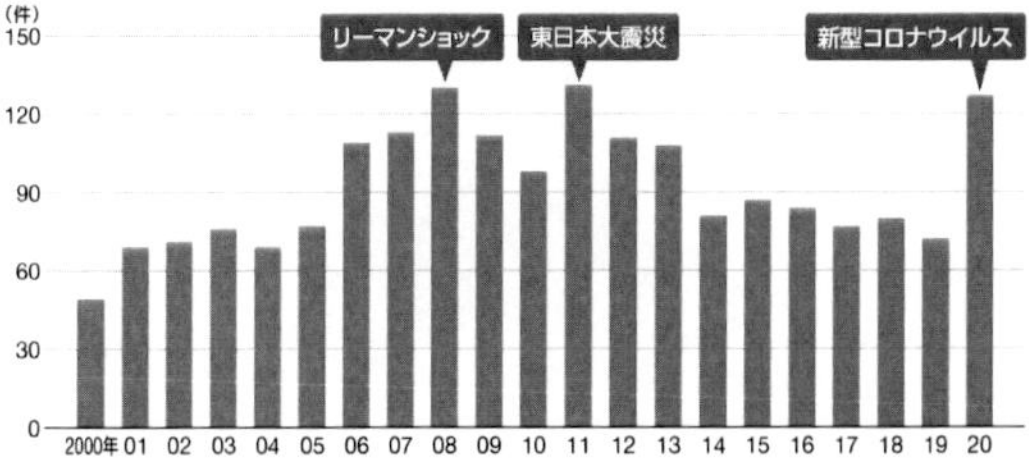

(出所)帝国データバンクの資料を基に東洋経済作成

帝国データバンク情報部の田中祐実氏によれば、「コロナで宿泊施設の売り案件が増える一方、買い手がついていない。20年破産したカプセルホテルのファーストキャビンのように、スポンサーが見つからず破産を余儀なくされる例が増えている」という。

だが、ホテルを取り巻く環境に鑑みればまだ少ない。「さまざまな支援策や、コロナ融資で延命している企業が少なくない」（田中氏）からだ。実際、上期の80件に対し下期はGo Toトラベル効果や雇用調整助成金など金融面の支援も奏功し、47件に抑えられている。倒産の増加は、むしろこれからが本番だ。

ホテルの苦戦がとくに目立つのは都市部だ。施設タイプ別の客室稼働率をまとめた次のグラフのように、20年12月はシティホテルが38・5%で前年同月比37・5ポイント減、ビジネスホテルは48・1%で同23・5ポイント減だった。この低水準で利益を出せるはずもなく、多くの会社が赤字に沈む。

■ 都市部苦戦でビジネス・シティホテルが厳しい

—施設タイプ別の客室稼働率の推移—

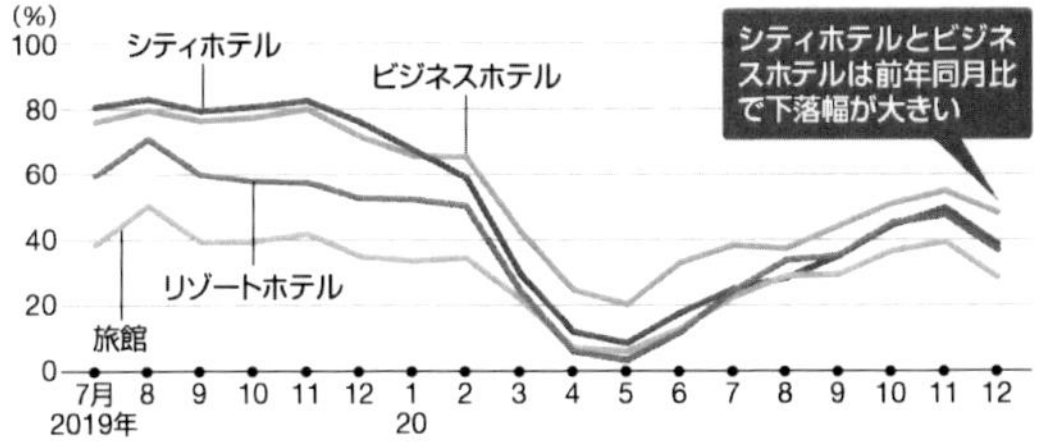

（出所）観光庁「宿泊旅行統計調査」を基に東洋経済作成

最大の要因はインバウンドの蒸発だ。東京や大阪、沖縄などで宿泊者数が大幅に減った。コロナ感染者の多さから、国内の旅行客が都市部を避け、Ｇｏ Ｔｏの恩恵が及ばなかった面もある。

２０年の年末にはそのＧｏ Ｔｏすら停止、1月には再度の緊急事態宣言発令となり、各社とも営業すらままならない。業界最大手のプリンスホテルをはじめ、臨時休業や一部休館が相次ぐ。２０年秋まで聞かれた「Ｇｏ Ｔｏで回復基調が続くだろう」といった楽観ムードは消え失せた。

当面の需要回復が見込めないことから、東京・九段下のホテルグランドパレスは6月末での営業終了を決めた。帝国ホテルは３０泊３６万円と低価格のサービスアパートメント（９９室）を東京で始める。ほかにも、テレワークやワーケーション向けとして訴求する例は多いが、「正直、焼け石に水」（ビジネスホテル関係者）というのが実情だ。

足元では、銀行は支援する姿勢を崩していない。ただ、「こんなに高い金利を取るのかと思った」とこぼす関係者もいる。回復シナリオを描けなければ銀行の姿勢もおのずと厳しくなっていく。

２０年来、開業計画の延期や中止が数多く発表されたが、コロナが長引けば店舗閉鎖や売却、撤退を迫られる会社は増える。「今後は体力勝負。ここから半年がヤマ場になる」（ビジネスホテル首脳）。

さらにいえば、今後Ｇｏ Ｔｏの再開で個人の宿泊客を取り込めたとしても、団体旅行が回復する望みは薄い。インバウンドはさらに先だ。シティホテルでは収益源の宴会需要が戻らないという、深刻な課題も残ったままだ。

海外旅行は来期1〜2割

ホテルと一蓮托生の旅行会社も極度の不振にあえぐ。

近畿日本ツーリストを擁するＫＮＴ－ＣＴホールディングスは、２０年４〜１２月期に２１６億円と過去最大の最終赤字となり、債務超過に転落した。１月に募集した希望退職にはグループの約２割に当たる１３７６人が応募。２５年３月期末までに社員数を3分の2に削減する方針も掲げており、リストラは今後も続く。

だが、回復の兆しは見えない。最新の20年12月の取扱額も海外旅行はほぼゼロ。国内も団体旅行の縮小が続き、全体で前年同月比44・4%の157億円にとどまった。緊急事態宣言の影響で、21年1月、2月は一段と落ち込んだとみられる。同社は21年度も「海外旅行は以前の1～2割しか戻らない」と想定しており、本格回復は早くても22年度になるもようだ。

業界最大手のJTBも、資本金を1億円に減資し、「中小企業」になって税負担を軽くするほか、グループ人員を6500人削減すると打ち出している。エイチ・アイ・エスも澤田秀雄会長兼社長が、「必要なら」としたうえで、ハウステンボスや本社社屋を売却するとの方針を示している。

中小の旅行会社も、団体旅行や海外旅行の催行が不可能になった影響は大きい。20年夏以降は個人のGo To需要を狙ったが、ネット専業の旅行会社（OTA）に利用者が集中してしまい、多くの店頭で地域共通クーポンが余ってしまった。

そのOTAですら、海外旅行が中心の旅工房やベルトラが希望退職の募集に踏み切るなど、業界はまさに総崩れ状態だ。「補助金を活用して、死んだふり状態で何とか乗り切るしかない」（業界幹部）と諦めムードすら漂う。

旅行会社の倒産件数は20年に24件と、19年の20件を上回って3年ぶりに増加した（帝国データバンク調べ）。ホテルほどではないが、「コロナでまったく見通しが立たなくなり、自主廃業した中小の会社が多い」と語る業界幹部もいる。倒産件数だけが苦境を示す数字ではなさそうだ。

GoToの効果が消え去り、コロナの収束が不透明な中、旅行需要を喚起するすべはあるのか。次の手の模索すらできないまま、ホテル・旅行業界の危機的な状況は続く。

（田邉佳介）

「悪魔の増資」に走る居酒屋

「あんな資本調達までして、大丈夫なんだろうか」

飲食業界でこうささやかれているのは、「わらやき屋」などを運営するＤＤホールディングス（ＤＤＨＤ）だ。

創業者兼社長の松村厚久氏は、難病を抱えつつも攻めの経営者として知られ、果敢なＭ＆Ａでカラオケ、ビリヤード、ホテル、ウェディングにまで業態を拡大。自ら掲げた「１００店舗１００業態」を実現した立志伝中の人物だ。

しかし新型コロナで暗転する。緊急事態宣言下の２０年４～５月に既存店売上高が激しく落ち込み、２０２１年２月期は第１四半期から２６億円の最終赤字に転落した。

銀行から７０億円の運転資金を借りてしのぐ一方、不採算店を４０店舗ほど閉じてリストラも進めたが、第2四半期も56億円の最終赤字を計上。自己資本比率は4%にまで低下するなど債務超過一歩手前まで追い込まれ、資本調達に動かざるをえなくなったのだ。

MSワラントで調達

その結果、DDHDは20年10月に28億円を新株予約権で調達すると発表する。だがこの調達方法が、不信を招く結果となった。

というのも、DDHDが発行した新株予約権は「行使価格修正条項」がついた「MSワラント」と呼ばれるものだったからだ。権利行使の際、時価よりも5%ほど安い価格で新株を取得できるため、引受先の証券会社が確実に儲かる仕組みになっている。

だが、この調達法は既存株主にとってはデメリットが大きい。引受先は権利行使の際に大抵カラ売りをかけるため株価下落圧力が働く。また、行使が進めば株数が増えるため1株当たりの価値も希薄化する。投資家から「悪魔の増資」と嫌われるゆえんだ。

裏を返せば、そうした資本調達に頼らざるをえない状況にまでＤＤＨＤは追い込まれていたということだ。「株価水準が上がれば問題ない」とＤＤＨＤは何食わぬ顔だが、言葉どおりに受け取る市場関係者はいない。

苦境に陥っているのはＤＤＨＤだけではない。コロナ関連倒産を業種別に見てみると、飲食業が圧倒的に多い。損益分岐点が約9割と高く、売り上げが少し落ちただけで赤字に転落するケースが多いからだ。

その結果、多くの企業が自己資本を食い潰している。次の自己資本比率低下幅ランキングを見ていただきたい。これは、上場している飲食企業を対象に、1年前に比べて自己資本比率がどれだけ低下したか、低下幅が大きい順に並べたものだ。

■自己資本比率が急激に悪化した企業が続出
—自己資本比率低下幅ランキング（上位30社）—

順位	社名	1年前比低下幅（ポイント）	自己資本比率（%）
1	海帆	106	▲103
2	フレンドリー	80	▲51
3	大戸屋HD	69	▲23
4	ダイナックHD	51	▲22
5	テンアライド	40	20
6	エスエルディー	35	▲13
7	東京一番フーズ	34	31
8	ハブ	33	38
9	きちりHD	32	14
10	ユナイテッド&コレクティブ	28	4
11	串カツ田中HD	27	23
〃	ホリイフードサービス	27	44
13	ジョイフル	26	2
〃	ワタミ	26	15
15	三光マーケティングフーズ	25	39
16	SFP HD	24	48
〃	ヴィア・HD	24	▲6
〃	一家ダイニングプロジェクト	24	9
〃	チムニー	24	43
〃	マルシェ	24	36
21	ワイズテーブルコーポレーション	23	▲11
〃	サンマルクHD	23	58
〃	グローバルダイニング	23	36
〃	DD HD	23	4
〃	安楽亭	23	19
〃	ロイヤルHD	23	29
27	ゼットン	22	10
28	エー・ピーHD	21	▲9
29	SRS HD	20	31
〃	リンガーハット	20	34

（注）2021年1月末時点の最新決算期末（四半期決算含む）とその1年前の自己資本比率（純資産÷負債・純資産合計）の差を算出。HDはホールディングスの略　（出所）各社資料を基に東洋経済作成

驚くことに、1～9位の企業で、自己資本比率が30ポイント以上も下がっている。しかも上位30社のうち8社が債務超過に転落しているのだ。

低下幅が最大だった海帆（かいはん）は、東海地方を中心にレトロな雰囲気の居酒屋「昭和食堂」などを運営するマザーズ上場企業。コロナ前から低かった自己資本比率は106ポイントも低下し、マイナス103％にまで悪化している。

運転資金もままならない。M＆A投資のための資金や店舗改装資金という名目で20年3月に調達した2億円は、1億2000万円が人件費に、3500万円が家賃に消えてしまった。

そのため7月にファンドからつなぎ融資として4億円を借り入れるも、秋口には返済を迫られ、返済資金をつくるために新たな出資者探しに奔走する。

出資者が見つからない

10月には6億円の出資を約束する新たなファンドが現れたと発表したが、ファンド側が態度を一変させて2週間後中止に。大慌てで別の出資者を探し、21年1月になってようやく第三者割当増資で6億円の調達にこぎ着けた。

だが、同社は20年12月末時点で12億円の債務超過。調達した6億円以外に追加で3億円の調達が可能としているが、それでも債務超過の解消は遠い。

すでに上場廃止基準にかかる猶予期間（22年3月末まで）に入っており、新たな出資者探しが急務になっている。

海帆の例が示唆するように、沈みかかった船に資本を入れるような出資者は決して多くない。

「サルヴァトーレ クオモ」などのブランドでレストランやデリバリー事業を展開してきたワイズテーブルコーポレーションも出資者探しが難航している飲食企業の1つだ。20年来、第三者割当増資の引受手を探しているが、いまだ見つかっていない。自己資本比率は1年前から23ポイントも下がり、やはり債務超過に陥っている。

20年5月には、メインバンクのみずほ銀行から運転資金4億円を借り入れることができたが、同社の幹部は「とても足りない。目下、政府系金融機関にも融資を申し込んでいる。資本増強も急ぎたい」と明かす。

このように、資金繰りに窮した居酒屋チェーンを中心とする外食企業は、資本増強に奔走している。今のところ銀行側も支える姿勢を崩していないが、「これ以上貸すことはできない企業も増えている」（銀行幹部）といい、いつまでも面倒をみてくれるわけではない。となれば、今後、命の尽きる企業が続出する可能性は高い。

（野中大樹、中尾謙介）

テレワーク普及で需要が急減

２０～３０代女性を対象にする都内のアパレル企業には２０２０年春以降、銀行からＭ＆Ａ（合併・買収）の紹介がいくつも持ち込まれるようになった。中身は赤字の同業他社の事業譲渡の話ばかり。案件を持ち込まれたアパレル企業の幹部は、「商材拡大や海外進出の足がかりとなる異業種ならまだしも、市場の先行きを考えるとアパレルブランドを買う気には到底なれない」と自嘲気味に話す。

新型コロナの影響で大半のアパレル企業の２０年度決算は、大幅な減収減益に陥った。外出の機会が減り、ファッション性の高い衣料やビジネスウェアの需要は激減した。

長らく経営不振にあえいできた百貨店アパレルの名門・レナウンは、緊急事態宣言下で売り上げの急減がとどめとなり、20年5月に民事再生法の適用を申請。「ダーバン」など一部の主力ブランドは売り場を大幅に縮小したうえで事業売却できたものの、会社全体のスポンサーは現れず、20年末に破産手続きへと移行した。

帝国データバンクの調査では、新型コロナによるアパレル関連業者（小売り・卸・製造）の倒産は123件（21年3月1日までの判明分）と、飲食業に次ぐ水準だ。もっとも以前から経営難にあった中小事業者の倒産も多く、レナウン以降の大型倒産は20年11月に経営破綻した高級セレクトショップ「ストラスブルゴ」運営のリデアくらい。アパレル企業にとって稼ぎ時である秋冬シーズンにコロナ第3波が直撃した厳しい事業環境からすれば、目立った倒産は少ない印象だ。

帝国データバンク東京支社情報部の綴木猛氏は「構造不況が続いていたアパレル業界では、コロナ禍前から出店などに積極投資する企業は少なかった。投資に伴う借り入れなどが大きくない分、売り上げが落ちても緊急融資や助成金で息をつなげているケースが多い」と分析する。

それでも先行きに不安は高まっている。長引く外出自粛ムードで売り上げの抜本的な回復時期が見通せないうえ、金融機関の視線も厳しさを増しているからだ。複数のアパレルの幹部は「レナウンの破綻以降、アパレル企業に対する銀行の態度が硬化した。運転資金以上の新規の融資枠の設定は難しくなっている」と嘆く。業界関係者は「金融機関が借入返済期限の延長にも応じない状況に転ずれば、アパレルの倒産が急増する可能性がある」と危ぶむ。

軒並み大赤字の紳士服

コロナ禍で厳しい商品の代表格がスーツだ。青山商事、ＡＯＫＩホールディングス、コナカ、はるやまホールディングスの4社が国内紳士服量販のリーディング企業だ。だが、通勤や出張が減った影響で売り上げは激減し、コナカは20年9月期決算で49億円の営業赤字を計上。ほかの3社も21年3月期は過去最大規模の営業赤字を見込む。

紳士服量販はもともと、ほかのアパレル業態のような流行や天候による浮き沈みが少なく財務基盤も堅実。直近の開示決算では、4社とも自己資本比率は40％以上だ。

だが、リモートワークが一気に浸透し、稼ぎ頭のスーツの販売量は今後大幅な減少が避けられない。コナカに至っては、20年7月に連結子会社化した赤字のサマンサタバサもコロナ禍で売り上げ低迷に拍車がかかり、「二重苦」の状況。生き残りに向けて事業構造の見直しは待ったなしとなっている。

創業家のカラーが色濃く残る4社は、「今さら経営統合などの再編は考えづらい」（紳士服大手幹部）。自力で存続するためにリストラは不可避で、青山は20年末に創業以来初となる希望退職の募集を発表。青山単体の正社員の1割超に当たる609人が応じた。ネットカフェ運営など多角化を進めるAOKIは2月にシェアオフィス事業への参入を表明。スーツ店の業態転換などで100店展開を目指し、スーツ依存脱却を急ぐ。

業界内に乏しい救世主

需要回復の展望が描きづらいのは、フォーマル色の強い紳士・婦人服を展開する百貨店アパレルや高級セレクトショップも同様だ。英国ブランド「バーバリー」との契約終了後、5期連続で営業赤字となっている三陽商会は、13年以降で4度目となる希望退職の募集に踏み切った。

大江伸治社長は「21年度の黒字化を履行できないと、株主や金融機関、取引先の信頼を裏切ることになる。そのためには人員体制の見直しに踏み込まざるをえない」と説明。直近1年で銀座の保有ビルや保養所も売却し、手元資金は確保しているが、「コロナ禍が収束しても、当社が身を置く市場の規模が以前のように回復するかは楽観視できない」(大江社長)。

さらなる市場縮小が目に見えていても、一時的に多額のキャッシュアウトを伴う希望退職の募集や大規模な店舗撤退を行う余裕すらないアパレルもある。レナウンの買い手がつかなかったことや冒頭のアパレル幹部の言葉が象徴するように、業界内で他社に救いの手を差し伸べるプレーヤーは乏しい。

アパレル企業の中には、資金を投入し事業改革を行う投資ファンドに期待する声もあるが、あるファンド関係者は「衣服への支出は年々減っている。よほどのブランド力がない限り、アパレルに投資する機運は高くない」と話す。

コト消費の台頭や価格競争の激化など、コロナ禍前から逆風の強かったアパレル業界。新型コロナが促す淘汰の波は、これから本格化していく。

（真城愛弓）

百貨店を襲う閉店ラッシュ

「日本橋本店の売却が難航していると聞いているから、銀座店のほうが早いのでは」。ある大手百貨店の幹部は、三越伊勢丹ホールディングス（ＨＤ）の都心店舗の行方についてこう語る。

インバウンド需要の蒸発や消費低迷で、百貨店各社は苦境に立たされている。中でも三越伊勢丹は苦しく、２０２０年度決算では４５０億円の最終赤字になる見込みだ。そのため、稼ぎ頭の都心3店を売却するのではないかという観測が流れている。

当の三越伊勢丹はもちろん否定するが、業界では三越の店舗売却話は根強い。「２１年、ＨＤ社長を退任する予定の杉江俊彦さんは伊勢丹出身。三越の店舗にはそれほど執着していない」（前出の百貨店幹部）という見立てだ。

業界でいわれているのは、日本橋店は売却後にリースバックして営業を継続するが、銀座店は規模が中途半端なため営業を断念する可能性もあるということだ。

経営が厳しいのは同社だけではない。「業界内では高島屋が2店、大丸も1店閉鎖するのではないかと噂されている」(同)。

中心市街地の空洞化で地方百貨店も苦しい。「コロナ禍の長期化で、債務超過に陥りそうな東北や北陸の百貨店がヤバいという話も伝わってくる」(同)。店舗閉鎖ラッシュに加え、経営破綻する百貨店も現れそうだ。

(田島靖久)

【エアライン】繰延税金資産取り崩しの最悪シナリオ

ANAが抱える2つの時限爆弾

「夢物語のような事業計画を示して融資を依頼してきたので、さすがにこれは無理でしょうと言って押し返した」

あるメガバンクの幹部は、ANAホールディングス（HD）が2020年、融資の依頼をしてきた際のことをこう明かす。銀行側が怒ったのは、ANAHDの提示した計画が、新型コロナウイルスが早期に沈静化して航空需要が回復、業績もV字回復するというばら色のものだったからだ。

銀行の厳しい姿勢に慌てたANAHDは、大規模なリストラ策を立てて銀行側に説明、ギリギリのところで融資を受けることができたという。

こうした経緯で、ANAHDは20年4月から12月までに9350億円を借り入れ、融資枠も確保。公募増資でも約3000億円を調達し、資金繰りは盤石だ。

その結果、12月時点での有利子負債は1兆6885億円（前期末比8457億円増）まで膨らんでいるが、自己資本比率は31・9％に踏みとどまっており、「調達した資金を設備投資に回せる大手の余裕はうらやましい限り」（中堅航空会社幹部）と言わしめる健全財務だ。

連続赤字回避が〝必須〟

だが、これで安泰とはいいがたい。2つの〝時限爆弾〟を抱えているからだ。その1つが21年4月から適用される「収益認識基準」。未使用マイルの扱いが変わり、新たに「契約負債」が計上されるというものだ。

20年度から一足早く取り入れたJAL（日本航空）は、「約900億円の負債を計上し、自己資本比率が8％ほど悪化した」（JAL財務担当者）。事業規模の大きいANAHDの影響額はJALの1・5倍といわれ、自己資本比率の大幅な悪化は避けられない。

さらに今後の業績次第で深刻化しかねないのが、繰延税金資産の問題だ。

20年10月、ANAHDの片野坂真哉社長は、「22年度は必ず黒字化を実現する」と力を込めた。その背景として「欠損金の扱いなど会計上のルールもあり、2期連続の赤字は避けなければならない」と吐露した。

将来の利益を前提に、欠損金などを資産に計上する繰延税金資産だが、2000億円超にまで積み上がっている。

■ 繰延税金資産は膨張、自己資本比率は低下

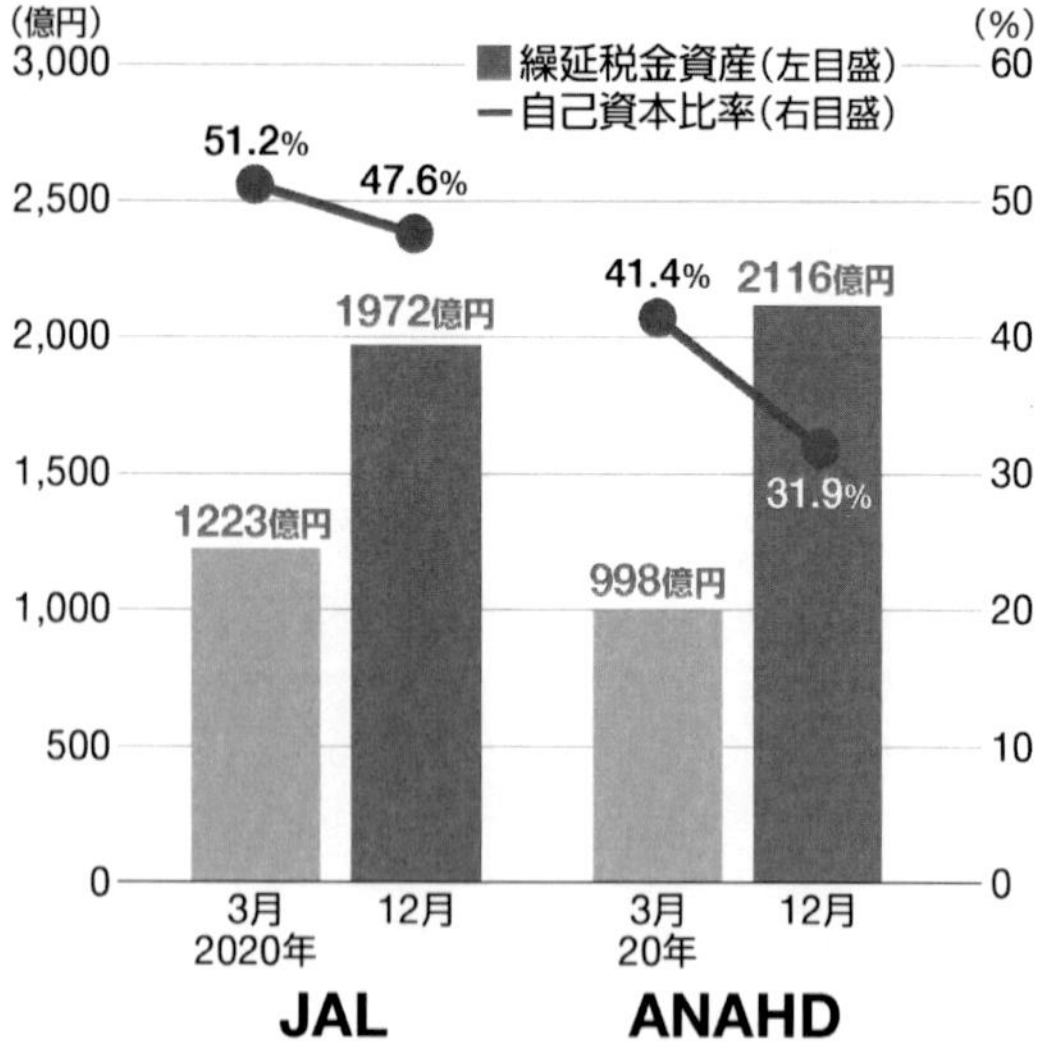

(注)JALはIFRS　(出所)各社決算資料を基に東洋経済作成

原則、10年で回収すればいいが、日本基準のＡＮＡＨＤは2期連続赤字となると企業区分の変更で監査法人から待ったがかかり、取り崩せと言われかねない。

ある監査法人の幹部は、「2年も赤字が続くと、本当に回復できるのか、ビジネスモデルを見直すべきではないかと監査人も態度を硬化させる」と指摘する。

2期連続赤字を回避すべくＡＮＡＨＤも構造改革を進めるが、需要回復のシナリオが「大きく崩れることを覚悟しなければならない」（福澤一郎ＡＮＡＨＤ取締役）状況。ここで踏みとどまることができなければ、またぞろ「ＪＡＬと国際線を一本化せよ」という逆風に襲われかねない。

（森　創一郎）

ユニゾ倒産のカウントダウン

3度にわたるTOB合戦で注目を集めた不動産会社ユニゾホールディングスが窮地に立たされている。

香港のヘッジファンドARCM（アジア・リサーチ・アンド・キャピタル・マネジメント）が会社更生の申し立てに動いているのだ。ユニゾの社債を47億円分保有するARCMは、ユニゾが債務超過の状態にあり、債権者保護の観点から倒産処理が必要だと主張している。

関係者によると、ARCMは「社債を額面、30円程度で買い集めている。破産で得られる配当は70円程度なので儲かる」という。この動きに便乗して米デビッドソン・ケンプナーや米ファラロンなどユニゾの社債を買いあさるファンドも出てきている。

実際、ユニゾの経営破綻はすぐそこまで迫っている。問題は大きく分けて2つ。社債と銀行借り入れだ。

社債は次々に償還がやってくる。2020年11月の償還は乗り切ったものの、まだ990億円残っている。そのうち、5月に100億円、11月に100億円と、計200億円の償還が迫っており、銀行に200億円の借り換えを要請しているところだ。

一方、銀行からの借り入れは約1960億円にも上る。しかし、「返す気も、原資もない」（ユニゾ関係者）状況だ。

なぜ、返済ができないのか。その原因はTOB合戦にある。ユニゾはTOBに対抗して、EBO（従業員による買収）を実施。その際、米ファンドのローン・スターから資金を借り、従業員が設立したチトセア投資が全株式を取得した。

だが、このEBOは痛みを伴うものだった。ローン・スターから調達した資金はEBO成立から半年後に返済しなければならなかったからだ。

そのため、保有していたビルやホテルを売却せざるをえなくなった。前出の関係者は「高値のつく物件はほとんど売ってしまった」という。

その結果、銀行への返済の原資として残されている資産は、「物件数は15件くらいで含み益も小さく、合計で300億円程度だろう」(関係者)。これでは到底返せず、破綻は避けられそうにない。

地方銀行に大打撃

2020年9月末時点のユニゾに対する融資額上位10行を見ると、ニューヨークの物件購入の際に融資した外資系2社の下に、地方銀行の名前がずらりと並ぶ。

■多くの地銀がリスク抱える
―ユニゾに対する融資残高―

順位	社名	融資額
1	NYライフ	300億円
2	PMC生命	80億円
〃	北國銀行	80億円
4	神奈川県信用農業協同組合連合会	70億円
〃	西日本シティ銀行	70億円
〃	武蔵野銀行	70億円
7	愛知県信用農業協同組合連合会	60億円
8	広島銀行	50億円
9	東日本銀行	40億円
〃	みちのく銀行	40億円

(注)2020年9月末時点
(出所)取材を基に東洋経済作成

メガバンクの融資額はすでにゼロ。「何も知らない地銀を残して、逃げていった」（関係者）わけだ。

破綻となれば銀行が多額の損失を負うことは避けられない。取引のある地銀の数は60行以上とされており、金融庁も注視している。

ユニゾを破綻の危機に追い込んだのは、小崎哲資前社長といわれる。地位を守るため、従業員を巻き込んで強引にEBOを進めたからだ。

そんな小崎氏は、社長を退いているものの、「今もなお影響力がある」（関係者）といい、「ほとぼりが冷めた頃に戻ってこようと考えているのでは」（同）という声も多い。

だが、ARCMが主張する会社更生では経営責任が問われ、経営陣は交代させられる。そのため小崎氏は「現経営陣が経営を続けられる民事再生を目指しているのではないか」とみられている。とはいえ残された時間は少なく、関係者は事態の推移を見守っている。

（藤原宏成）

緊急事態宣言　揺らぐ銀座の灯

夜の蝶が消え、代わりに警察官がやってきた――。日本最大の繁華街・銀座は、新型コロナで大きく姿を変えた。

とくに、2度目の緊急事態宣言が発出され、東京都が営業時間の短縮を要請して以降、「花金」でさえ酔客の姿はほとんど見当たらず、店舗の多くが照明を落としたまま。代わりに時短要請を守るよう〝圧力〟をかける警察官が巡回し、異様な雰囲気を醸し出している。

度重なる休業や時短要請は、飲食店の体力をむしばんでいった。スナックやクラブなどが加盟する銀座社交料飲協会には約1200店舗が加盟していたが、この1年間で6分の1に当たる約200店舗が脱退。ほとんどは営業不振による閉店だという。

銀座でクラブやレストランを経営する白坂亜紀氏も、20年6月にバーを1店舗閉店した。経営を続けるクラブでは、収入が激減し故郷に帰ったホステスもいたという。「2度目の緊急事態宣言の発出で、店舗の売り上げは1割まで落ち込んだ。協力金や緊急融資で何とか経営をつないでいる」と話す。

「感染対策を講じているのに、なぜ飲食店ばかりが狙い撃ちにされるのか」と経営者たちは一様に憤るが、背に腹は代えられないと、深夜まで〝闇営業〟する店もある。だが、それでも客足は鈍く、「当初は一時休業で乗り切ろうとしたが、先行きが見通せずそのまま閉めた店も多くある」（商業店舗の仲介業者）のが現状だ。

大型施設で大量閉店

新型コロナに翻弄されるのは、飲食店だけではない。銀座6丁目以北に立つ大型商業施設についても、新年早々大量閉店のニュースが駆け巡った。

中央通り沿いの「ギンザ シックス（GSIX）」は、1月14日に14店舗が閉店すると発表。年末からの閉店を含めると、その数は２０店舗に上る。数寄屋橋交差点に立つ東急プラザ銀座でも、1月中に6階の全フロアを含む計２６店舗が閉店。両施設とも改装中の区画が目立ち、館内の人通りはまばらだ。

商業施設は、集客のカンフル剤として、開業から一定期間経過後に大規模なテナントの入れ替えを行うのが一般的。両施設とも、開業当初から２０２1年のリニューアルを企図していたが、運悪く閉店の時期がコロナ禍とぶつかった。

関係者によれば、ＧＳＩＸは開業時の２４1店舗のうち、1６０店舗がリニューアルまでを期限とする4年間の定期借家契約を結んでいた。このうち４０店舗が契約を更新しなかったもようだ。

年初にＧＳＩＸの店舗を閉めたあるテナントは、「客の大半を占めていた訪日外国人の流入が止まって売り上げが激減。契約を更新せず退店を決めた」と話す。

ＧＳＩＸは固定賃料と売り上げに連動する歩合賃料とを組み合わせており、視認性の高い区画では固定賃料だけでも坪1０万円以上に上る。

苦しいテナントは賃料の減免を要請したが、両施設とも応じていない。ＧＳＩＸを運営するＪ・フロント　リテイリングの関係者は、「賃料減免の事実が表沙汰になると、施設のブランド価値が毀損されるからだ」と打ち明ける。

だが、いつまで強気でいられるのか。

「訪日外国人が蒸発、外出自粛も相まって銀座の百貨店は厳しい。大型施設も同様だ」と百貨店関係者は案じる。

新常態に通用するか

そもそもこうした大型商業施設は、百貨店のような伝統的業態が集積する銀座に一石を投じようと開発され、開業当時は一定の成果を収めた。

「新常識」を持ち込んだのが要因だが、コロナ禍がもたらした「新常態」に通用するかといえば心もとない。というのも、消費行動が大きく変化しているからだ。

実は両施設とも、訪れた客を「歩かせる」動線を採用している。GSIXはフロアの中心を吹き抜けにし、それを囲むように店舗を配置して客を回遊させる設計だ。東急プラザ銀座にしても、最も賃料の取れる路面にあえてエスカレーターを設け、客を館内に引き込む動線を採用している。

ところが、外出が忌避される現状では、欲しいものをあらかじめ決めておき、短時間で買い物を済ませる消費者が増えている。店舗との接点を増やすための戦略が今後も支持されるかは不透明だ。

また、集客に力を入れてきた訪日外国人の動向についても、当面は厳しい状況が続く。GSIXはツアー客の観光バスが乗り付けられる乗降場を設置、東急プラザ銀座も8～9階に韓国ロッテの免税店を入居させるなどして、大量の訪日外国人を呼び寄せた。

だが、今後しばらくの間、訪日外国人が戻ってくるとは思えない。事実、ロッテ免税店は20年夏以来、日用品などを扱うごく一部の区画を除き営業を休止しており、戦略の根本的な見直しが求められる。

地元の不動産業者は、「バブル崩壊もリーマンショックも乗り越えてきた銀座なのだから大丈夫」と一縷（いちる）の望みをかける。コロナ禍に水を差された銀座の灯は、今も揺らぎ続ける。

（一井　純）

吹きすさぶリストラの嵐

「昔、希望退職で退職金に3000万円上乗せされて田舎に家を買ったという話を聞いたことがあるが、コロナ禍の今はどれくらいもらえるのか」

2020年末、流通企業に勤める40代の男性は、希望退職に手を挙げるか思案していた。以前と比べて条件が悪く、今後の生活を考えると判断がつきかねていたからだ。

しかも、「流通業で成績を残したからといっても、あまりアピールにはならない。金融やIT出身者でなければ再就職は難しい」からなおさらだった。しかし、21年に入って会社の業績はさらに悪化、「このままでは会社が倒産しかねない。残っているよりはましだ」と退職を決めたという。

東京商工リサーチによれば、2020年に早期希望退職の募集を発表した上場企業は93社。募集人数は判明している限りで約1万8000人と、リーマンショック直後の09年に匹敵する水準。21年も収束する見込みはなく、2月末時点ですでに15社以上が実施を発表している。まさにリストララッシュだ。

■ 募集人数はリーマンショック級
―主な上場企業のリストラ状況―

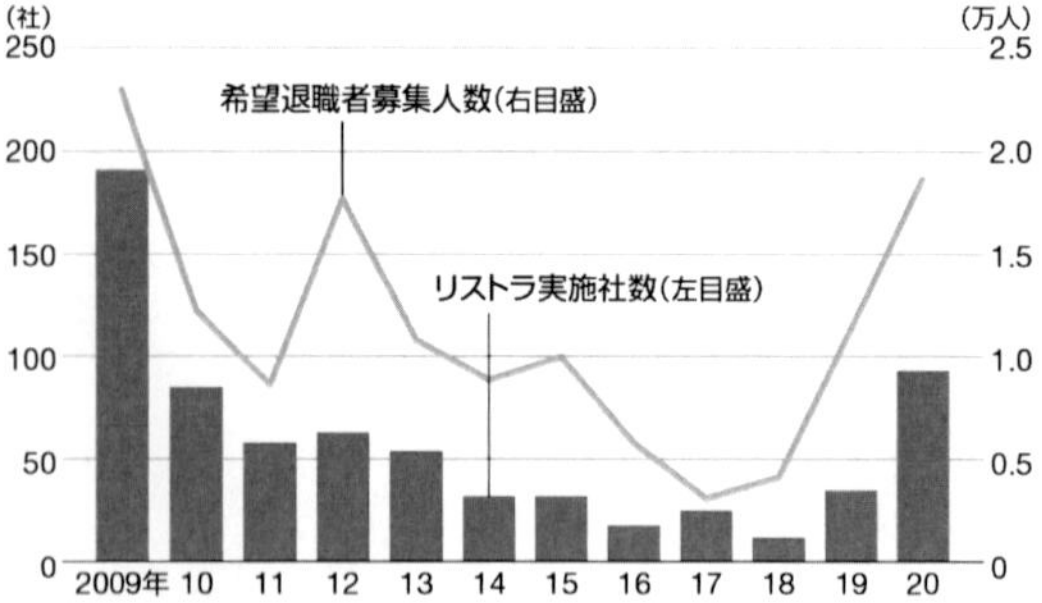

(出所)東京商工リサーチ

■2021年もリストラの嵐 ―2020年以降に希望退職募集を発表した主な企業―

社名	人数（人）	対象
リーガルコーポレーション	100	50歳以上の正社員および再雇用社員
名村造船所	250	―
日本金銭機械	60	45歳以上かつ勤続年数3年以上の正社員 再雇用契約社員
ライトオン	40	40歳以上60歳未満の正社員
ポプラ	50	30歳以上59歳以下の正社員
エンプラス	―	40歳以上57歳以下の管理職を除く正社員 58歳以上の正社員・嘱託社員
東京コスモス電機	30	―
佐鳥電機	30	間接部門の正社員
IMAGICA GROUP	100	―
三陽商会	150	―
ヴィア・HD	50	40歳以上60歳未満の正社員
かんなん丸	80	正社員
シャルレ	―	50歳以上の正社員および再雇用嘱託社員
カシオ計算機	―	45歳以上かつ勤続年数10年以上の社員 50歳以上の管理職
キーコーヒー	100	51歳以上の社員、64歳未満の嘱託社員
三菱自動車	550	45歳以上60歳未満かつ勤続年数1年以上の社員 60歳以上65歳未満のシニア社員
藤田観光	―	40歳以上かつ勤続年数10年以上の正社員 40歳以上かつ勤続年数5年以上の契約社員
曙ブレーキ工業	180	本社製造部門および子会社社員
青山商事	400	40歳以上63歳未満かつ勤続年数5年以上の正社員
タムロン	200	弘前工場、浪岡工場勤務の正社員
エイベックス	100	音楽事業および間接部門在籍の40歳以上の正社員
LIXIL	1,200	40歳以上かつ勤続年数10年以上の本社社員
マクセルHD		40歳以上の国内グループ会社社員
ロイヤルHD	200	50歳以上64歳以下の正社員
文教堂グループHD	25	45歳以上64歳未満の正社員
コカ・コーラ ボトラーズジャパンHD	900	勤続年数1年以上の正社員
KNT-CT HD	2,000前後	正社員および有期雇用社員
JT	3,000	46歳以上の正社員およびパート従業員

（注）HDはホールディングスの略。「―」は無限定

中でも際立つのがアパレル業界だ。21年だけでもすでに三陽商会やワールド、ライトオン、リーガルコーポレーションが希望退職の実施を発表。三陽商会は近年、リストラを繰り返している。青山商事が2月に公表した希望退職の実施結果によれば、募集人数400人に対して1・5倍の609人が手を挙げた。

だが、こうした人たちの〝受け皿〟があるかといえば、そうではない。全国の有効求人倍率（季節調整値）は19年12月時点の1・57倍から20年12月には1・06倍に縮小しており、雇用環境は悪化の一途をたどっている。希望退職に手を挙げても、無事に転職先が見つかる可能性は高くないのだ。

日立や富士通も決断か

事業や子会社を売却する動きも加速している。

2021年2月、資生堂がヘアケアブランド「TSUBAKI」などを含む日用品事業を、欧州系投資ファンドのCVCキャピタル・パートナーズに1600億円で売却するると発表した。コロナ禍で化粧品の需要が落ち込む中、低収益事業を整理し、強みとする高価格帯化粧品に注力する構えだ。

多様な企業を傘下に抱えるコングロマリットも売却を加速させる。例えば日立金属。日立製作所の上場子会社で、かねて売却話が持ち上がっていた。２０年１１月に実施された１次入札には日本産業パートナーズのほか、米国のベインキャピタルやカーライル、コールバーグ・クラビス・ロバーツ（ＫＫＲ）などが応札、３月下旬に２次入札が実施される。

話は若干それるが、日立金属は政府が力を入れる経済安全保障に関わる技術を持っているため「経済産業省が、政府系の産業革新投資機構（ＪＩＣ）を交えたスキームにしてくれと入札者に要求している」（関係者）といい、最終的には米ファンドとＪＩＣの「日米連合体」が落札しそうだ。

日立金属と並んで注目されているのが富士通ゼネラル。現在、富士通が４２％の株式を保有しているが、この株を富士通が手放すものとみられている。すでに富士通、富士通ゼネラルともに財務アドバイザーがついており、動き出すのは時間の問題だ。

本社ビルまでリストラ

業績の傷んだ企業は、不動産も放出する。

筆頭は東京・汐留の本社ビル売却の検討を発表した電通だ。２０年１２月期は最終損益が１５９５億円という過去最大の赤字に沈み、本社ビルの売却で急場をしのぐ。

アパレル大手のオンワードホールディングスも２０年１１月、港区内の倉庫を住友不動産に売却。やはりアパレルのＴＳＩホールディングスも２１年１月、都内のビル２棟を売却すると発表した。

２０年１２月にはエイベックスが東京・南青山の本社ビルを売却。買い手はカナダ不動産ファンドのベントール・グリーンオークで、取得価格は７２０億円をつけた。

まさに、不動産バーゲンセールの様相だが、これを商機にしているのが不動産業界だ。不動産サービス大手のＪＬＬによれば、２０年の国内不動産投資額は４兆５７１４億円。緊急事態宣言で春期の取引が停滞したにもかかわらず、１９年比で４％減にとどまった。

取引を押し上げたのは、海外の機関投資家だ。ＪＬＬによれば、２０年の国内不動産投資額に占める海外投資家の割合は３４％と、１９年の２１％から上昇。水面下で協議が進む電通ビルの優先交渉権は国内不動産会社のヒューリックが得たもようだが、入札段階では海外の機関投資家や金融機関も名乗りを上げていた。

人、事業、そして資産のリストラが、今後加速するのは確実。かつての不良債権時代同様に海外勢が日本で暴れ回る日が来るかもしれない。

（野中大樹、一井　純）

倒産予備軍を見破れ

「これは、ゾンビ企業ですね。このままでは生き残るのは厳しい」。倒産が噂される外食企業の決算書を目にしたメガバンクの銀行員は瞬時にそう答えた。

この会社の売り上げはコロナ禍で大幅に落ち込んでいる。にもかかわらず固定費は高いまま。当然、大赤字だ。

損失を吸収できる体力があれば問題はないが、この会社はそこにも疑問符がつくという。「資産がないから、売却して資金をつくることはできない。多額ののれんもあり、減損が出れば純資産が吹き飛ぶ」（銀行員）からだ。

この銀行員が見抜いたのはそれだけではない。決算書から「取引先が逃げているのもわかる」というのだ。見ていたのは、キャッシュフロー（ＣＦ）計算書。売掛金が増え、買掛金が減っている。この会社の経営が危ないとみた仕入れ先から「払いたくないし、早く払えと言われているのだろう」（銀行員）というのだ。

銀行員たちは日々、融資先企業の状況を決算書や財務情報から分析、異変がないかウォッチしている。そこで、金融のプロたちがどこに注目しているのかを徹底的に取材。倒産しそうな企業が発する危険なシグナルについて解説していくことにする。

【ポイント】４つのシグナル

①自己資本が不足している
②負債に対して現金が少ない
③キャッシュフローに異変
④借り入れの余力がない

自己資本と現預金

まず見ておかなければいけないのは、「自己資本」だ。

負債が多く資金繰りが厳しい企業は、自己資本が薄くなるからだ。ひとたび自己資本がマイナスとなって債務超過に陥れば、銀行や取引先は逃げ、倒産の危険性が増す。

一般的に自己資本比率（総資産に占める自己資本の割合）は３０～４０％あることが望ましいとされ、１０％を切ると危険とされる。

ただ、コロナ禍において多額の損失が出て最終損失を計上、自己資本を大きく毀損させた企業は少なくない。そこでコロナ禍における最終損益と自己資本をしっかりと比較しておくことが重要だ。

次表は、最初の緊急事態宣言が発令されていた時期の四半期の純損益と、自己資本を比較して作成したもの。当時のペースで最終赤字が続いた場合、自己資本を何カ月で食い潰すかを見ることができる。

債務超過タイムリミットランキング

―四半期純損失で自己資本がゼロになるまでの期間―

順位	社名	業種	債務超過までの期間（月）
1	オンキヨーHE	電気機器	0
〃	石垣食品	食料品	0
〃	児玉化学工業	化学	0
〃	ジェイHD	卸売業	0
〃	アクセルマーク	情報・通信業	0
〃	21LADY	小売業	0
7	ジョイフル	小売業	11.20
8	ペッパーFS	小売業	17.41
9	レオパレス21	不動産業	27.68
10	3Dマトリックス	精密機器	42.65
11	省電舎HD	建設業	58.70
12	サマンサタバサ	その他製品	59.49

（注）1月末時点。自己資本は直近本決算ベース。コロナ期間は3・6・9・12月決算の場合4～6月期、2・5・8・11月決算の場合3～5月期、1・4・7・10月決算の場合5～7月期。四半期ごとの結果を、月ベースに換算。債務超過までの期間が5年以内の企業を掲載。社名は一部略称　（出所）各社資料を基に東洋経済作成

新型コロナの影響だけで数年のうちに自己資本が消失してしまうところもある。「店舗や人員を削減するなど固定費を減らして黒字にするか、資本を調達しなければ、債務超過になってしまう」（メガバンクＯＢ）

自己資本を見る際には、「減損リスク」も忘れてはならない。コロナ禍で、店舗や工場をはじめとする資産の減損については、緊急避難的に実施の見送りが認められている。

しかし、見送りがいつ解除になってもおかしくないし、ニューノーマル下において資産のもたらす収益が元に戻る保証はない。「融資の際、減損リスクのある資産は自己資本から差し引いて判断している」（メガバンク行員）という。

そのため、店舗や工場の多い企業や、のれんが大きな企業は、自己資本が大きく目減りする可能性があることに留意しておく必要がある。

２つ目のポイントは、「負債に対する手元資金の多寡」だ。売り上げが減り、手元に入ってくる資金は減少しても、借入金の返済期日は確実にやってくる。返済に回す資金がなければ、資金繰り倒産の憂き目をみる。

負債と手元資金を比較する指標としては、「流動比率（流動資産÷流動負債）」や「当座比率（当座資産÷流動負債）」、「現預金対借入金比率（現預金÷借入金）」といったものがある。

コロナ禍で、資産を売却して資金化するのは容易なことではない。そういう意味では、現預金を多く持っている企業が強い。「キャッシュ・イズ・キング」といわれるゆえんだ。つまり、現預金対借入金比率が低い企業は危ないといえる。

次表は、現預金対借入金比率が低い順に並べたもの。一般的には30％以上が望ましいとされるが、それを下回る企業も少なくない。

これまで、小売業をはじめとする「日銭商売」は毎日現金が入ってくるため潰れにくいといわれてきた。だが、コロナ禍でそれもストップしており、一概にそうもいえなくなっている。

資金繰り逼迫度ランキング

—現預金対短期借入金比率—

順位	社名	業種	現預金対借入金比率(%)
1	夢みつけ隊	小売業	0.65
2	東亜石油	石油・石炭製品	2.02
〃	日本高周波鋼業	鉄鋼	2.02
4	名鉄運輸	陸運業	2.11
5	CBG マネジ	卸売業	2.35
6	AT グループ	小売業	2.58
7	神戸電鉄	陸運業	4.55
8	ロジネットJ	陸運業	5.20
9	サトウ食品	食料品	5.21
10	テーオー HD	卸売業	7.57
11	イチネン HD	サービス業	8.46
12	リンコーコーポ	倉庫・運輸関連業	9.03
13	神奈川中央交通	陸運業	10.57
14	三重交通 GHD	不動産業	10.63
15	天満屋ストア	小売業	11.04
16	日本鋳造	鉄鋼	11.13
17	グリンランドR	サービス業	12.11
18	日本紙パ商事	卸売業	12.14
19	OUG HD	卸売業	12.24
20	ながの東急	小売業	12.25

(注)1月末時点の最新決算(四半期決算含む)ベース。社名は一部略称　(出所)各社資料を基に東洋経済作成

黒字倒産を見抜く方法

利益が出ているのに、倒産に至るケースもある。いわゆる「黒字倒産」だ。損益計算書上の利益と手元に入ってくる現金は必ずしも一致しない。売掛金がその代表例だ。利益は上がっていても、代金が未回収であれば、現金は増えない。結果、現金不足で倒産してしまうのだ。

３つ目のポイントは、こうした現金の動き。それをつかめるのが冒頭の銀行員も注目していたＣＦ計算書だ。ここから読み取れる情報は多く、多くの銀行員が「融資する際には１０年ほどさかのぼって入念にチェックする」と口をそろえる。

ＣＦ計算書は営業、投資、財務の３つに大きく分かれている。営業は本業のビジネスの資金の動き、投資は設備投資など将来に向けた資金の動き、財務は出資や借り入れなど資金調達の動きを示す。

実際の例を見てみよう。次表は、経営破綻したある企業のＣＦ計算書だ。

■ キャッシュフローに現れる危険シグナル

—ある企業のキャッシュフロー計算書—

	2018年度	19年度
当期純損失	▲3,077	▲6,044
・ ・ ・		
売上債権の増減額（▲は増）	3,400	▲2,236
棚卸し資産の増減額（▲は増）	▲635	▲1,117
・ ・ ・		
営業活動によるキャッシュフロー	1,212	▲4,398
投資活動によるキャッシュフロー	▲2,626	1,090
財務活動によるキャッシュフロー	▲93	▲1,025
現金および現金同等物の増減額	▲1,354	▲4,516

❶ フリーキャッシュフロー（営業CF＋投資CF）がマイナスの場合、資金繰り破綻の懸念

❷ 急増している場合は、取引先に足元を見られ、回収期間が延びている証拠（仕入れ債務が急減している場合は、取引先が警戒して回収が早まっている証拠）

❸ 増加している場合は過剰在庫や粉飾の可能性

（注）▲はマイナス

まず注目したいのは、営業と投資のCFを合計したフリーキャッシュフロー（FCF）だ。銀行員も最も注目している項目で、「経営の巧拙を見ている」（メガバンク行員）という。

この会社の場合も、2期連続でマイナスとなっている。FCFがマイナスということは、本業のビジネスで稼げていないか、収益力を上回る投資をしてしまっているということだ。

継続的にマイナスとなっていれば、「身の丈に合わない投資をして失敗している可能性が高く、そういう会社は大体潰れる」（別の銀行員）と厳しい評価が下る。

次に見るべきは営業CFの中身だ。倒産直前によくあるケースは、売掛債権の急増だ。冒頭で紹介した外食企業がそうであったように、事情に詳しい取引先が、倒産を予期して取引条件を厳しくしていくからだ。また取引先は、倒産する前に資金を回収しようと動くため、仕入れ債務は減少する。

CFを見ることで、粉飾を見抜くこともできる。架空の利益を計上している会社の場合、その代金を回収することは不可能。そのため、売上債権の増加として表れる。

また、棚卸し資産にも不自然な動きが出てくる。損益計算書で商品が売上原価として費用計上されるのは、その商品が売れたとき。そのため売上原価の算出では、期初の在庫商品と仕入れた商品を足して、売れていない商品を差し引く。

これを悪用して、架空の売れていない商品をでっち上げて計上し、売上原価を引き下げる。売上高は変わっていないため、売上原価が下がった分、利益を水増しすることができるというわけだ。だが、架空の売れていない商品が増えれば、棚卸し資産は急増してしまう。

事実、経営破綻したこの企業も売上債権と棚卸し資産の両方が急増している。こうした動きがある企業は粉飾している可能性が高く、発覚すれば倒産してしまいかねないので要注意だ。

借り入れ余力も重要

売り上げの減少や、手元の現金の不足があっても、資金が調達できているうちは倒産しない。実際、足元は銀行の資金繰り支援が活発なため、倒産は目立っていない。
しかし、銀行からの借り入れが限界を迎えれば、そうした問題が一気に表面化する。「資金繰りが行き詰まり、ふたを開けてみれば粉飾があった、というケースも出てくる」（地方銀行幹部）だろう。

4つ目のポイントとなる借り入れ余力を見るのに重要な指標が「ネットＤＥレシオ（負債資本倍率）」だ。有利子負債から手元資金を引いた純有利子負債が、自己資本の何倍あるかを示している。

ネットＤＥレシオは一般的には1倍程度が理想。「2倍、3倍となれば、融資にはそうとう慎重になる」（メガバンク行員）という。

借り入れ限界度ランキング
—ネット負債資本倍率—

順位	社名	業種	ネットDEレシオ（前期）（倍）
1	アルファクスFS	情報・通信業	35.98
2	サマンサタバサ	その他製品	26.28
3	3Dマトリックス	精密機器	13.02
4	神栄	卸売業	8.65
5	グッドスピード	小売業	8.39
6	LeTech	不動産業	8.31
7	THEグローバル社	不動産業	7.67
8	エコノス	小売業	7.20
9	エスポア	不動産業	7.14
10	トラストHD	不動産業	6.84
11	佐渡汽船	海運業	6.80
12	小僧寿し	小売業	6.71
13	UMCエレクトロ	電気機器	6.22
14	北海道電力	電気・ガス業	5.78
15	ショクブン	小売業	5.77
16	梅の花	小売業	5.74
17	明治海運	海運業	5.60
〃	シダー	サービス業	5.60
19	アクサスHD	小売業	5.59
20	文教堂グループHD	小売業	5.58

（注）ネットDEレシオは有利子負債から現預金を引いた純有利子負債が自己資本の何倍あるかを示す。1月末時点の最新決算（四半期決算含む）ベース。社名は一部略称
（出所）各社資料を基に東洋経済作成

先のリストは、ネットDEレシオが高い順に並べたランキングだが、3倍をはるかに上回る企業が多い。こうした企業はよほどの再建シナリオがなければ、銀行から融資を受けるのは難しいだろう。

もちろん企業ごとに個別の事情もあるが、1つでも当てはまれば黄信号、複数に当てはまるようなら、それは赤信号だといえ注意が必要だ。

（藤原宏成）

「不良債権爆弾」を恐れる銀行

「何とか21年度のうちに与信費用を積めないだろうか」。ある銀行の財務担当者は頭を抱えていた。与信費用とは、不良債権の処理にかかる費用や、貸し倒れの発生に備えた引当金のことだ。

この銀行は2020年度の予算を策定した際、与信費用の大幅な増加を見込んでいた。しかしその後、政府が無利子無担保融資をはじめとする資金繰り支援策を拡充。これが奏功して倒産は想定よりも少なく、与信費用も抑えられた。その結果、第3四半期を終えた時点で、通期の業績予想を上回る水準の利益となっている。

ただし、危機感は期初と変わっていない。「問題を先送りにしただけで、遠からぬうちに倒産企業が増える」というのがこの担当者の見立てだ。だからこそ、「利益に余裕のある21年度のうちに将来発生するであろう与信費用を引き当てておきたい」というのが本音なのだ。

とはいえ、理由もなく無制限に引当金を積むことはできない。「日々、監査法人が納得するようなやり方はないか模索している」という。

これはこの銀行に限った話ではない。メガバンクから地方銀行まで、多くの銀行が「予防的な引き当てを検討している」という。それだけ、将来の不良債権を恐れているのだ。

首都圏は3月ごろから

銀行員の多くは「3年後、5年後がヤマ場」と口をそろえる。無利子無担保融資の返済猶予期間が終わるからだ。その頃までに業績が回復しなければ返済のメドが立たず、倒産する企業が急増するとみているわけだ。

首都圏はもう少し早そうで、「21年3月ごろから徐々に倒産や廃業が出てくるのではないか」（財務担当者）という声が聞かれる。というのも、首都圏の企業を中心に1年の猶予期間で借りている企業が多く、すでに「おかわり」のタイミングにあるというのだ。

だが、無利子無担保融資には上限がある。となると今後銀行は、信用保証協会に債務を肩代わりしてもらえない「プロパー融資」へと移行せざるをえず、おのずと銀行自身がリスクを取らなければならなくなる。

しかし、すでに「これ以上借りても返せないという企業が増え始めている」（前出の財務担当者）。となれば、ここから数年間は高めの与信費用を覚悟しなければならなくなりそうだ。

■ **引当金は増加基調に** ―全国の銀行の貸倒引当金の推移―

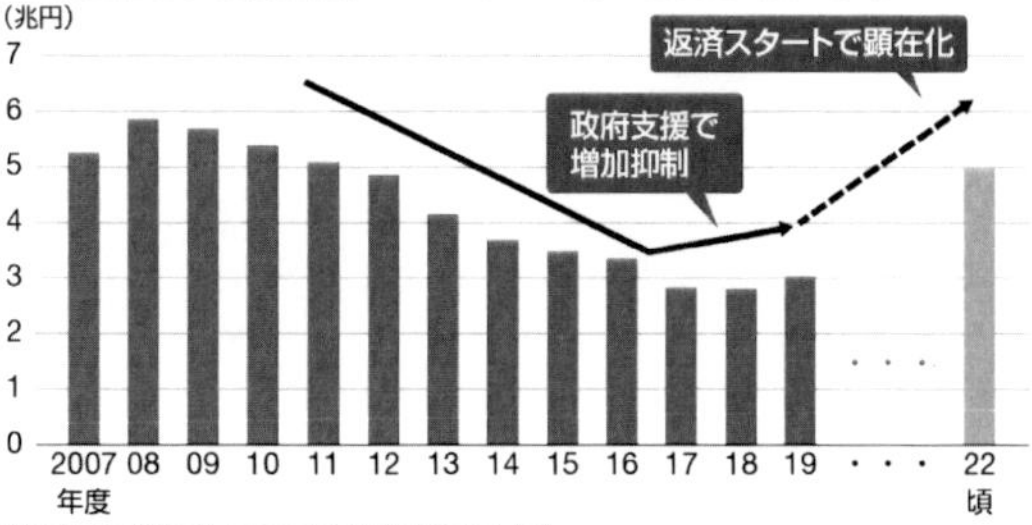

(出所)全国銀行協会「全国銀行財務諸表分析」

銀行は今後、貸せる企業と貸せない企業をより厳しく選別していく必要に迫られるが、頭の痛い問題があるという。それは、「まだ企業を支えろというムードが強く、貸したくなくても貸さなければならないケースが少なくない」（地銀幹部）ことだ。

例えばその1つが協調融資、いわゆるシンジケートローンだという。「自行の基準では貸せない場合でも、周辺地銀が参加している以上、特別な理由がない限り自分たちだけ断るのは容易ではない」（同）からだ。

鉄道やバスをはじめとする地域のインフラ企業や、病院、介護事業者などに対する融資についても同様だ。

「新型コロナによって収益が悪化していて、通常時であれば貸しづらいところが少なくない。しかし、社会的責任の観点から、リスク覚悟で融資せざるをえない」（同）のだ。

「不良債権」という名の時限爆弾を抱え、銀行はしばらく不安な日々を過ごすことになりそうだ。

（藤原宏成）

【週刊東洋経済】

本書は、東洋経済新報社『週刊東洋経済』２０２１年３月１３日号より抜粋、加筆修正のうえ制作しています。この記事が完全収録された底本をはじめ、雑誌バックナンバーは小社ホームページからもお求めいただけます。

小社では、『週刊東洋経済ｅビジネス新書』シリーズをはじめ、このほかにも多数の電子書籍ラインナップをそろえております。ぜひストアにて「東洋経済」で検索してみてください。

『週刊東洋経済ｅビジネス新書』シリーズ

No.348　民法&労働法　大改正
No.349　アクティビスト　牙むく株主
No.350　名門大学　シン・序列
No.351　電機の試練
No.352　コロナ時代の不動産

No.367　おうちで稼ぐ！
No.368　老後マネーの育て方
No.369　製薬　大リストラ
No.370　リスクシナリオ　２０２１
No.371　富裕層マル秘マネー学
No.372　コロナ時代の新住宅事情
No.373　日立・三菱重工の岐路
No.374　脱炭素サバイバル
No.375　郵政崩壊
No.376　脱・ストレスの処方箋
No.377　働き方と経営の法律

週刊東洋経済eビジネス新書　No.378
コロナ倒産危機

【本誌（底本）】
編集局　田島靖久、野中大樹、藤原宏成、長谷川　隆
デザイン　杉山未記、伊藤佳奈、池田　梢
進行管理　下村　恵
発行日　2021年3月13日

【電子版】
編集制作　塚田由紀夫、長谷川　隆
デザイン　市川和代
制作協力　丸井工文社
発行日　2021年12月2日　Ver.1

発行所　〒103-8345
東京都中央区日本橋本石町1-2-1
東洋経済新報社
電話　東洋経済コールセンター
03（6386）1040
https://toyokeizai.net/
発行人　駒橋憲一

電子書籍化に際しては、仕様上の都合などにより適宜編集を加えています。登場人物に関する情報、価格、為替レートなどは、特に記載のない限り底本編集当時のものです。一部の漢字を簡易慣用字体やかなで表記している場合があります。本書は縦書きでレイアウトしています。ご覧になる機種により表示に差が生じることがあります。

※本刊行物は、電子書籍版に基づいてプリントオンデマンド版として作成されたものです。